0

zero

nul

10

ten

tien

20

twenty

twintig

30

thirty

dertig

40

forty

veertig

50

fifty

vijftig

60

sixty

zestig

70

seventy

zeventig

80

eigthy

tachtig

90

ninety

negentig

100

one hundred

honderd

1000

one thousand

duizend

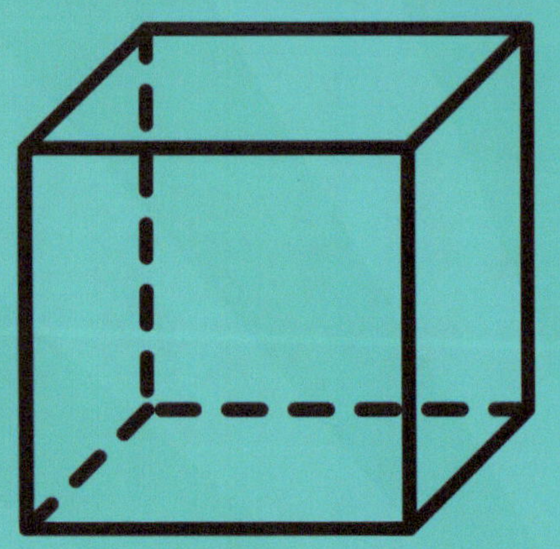

cube

kubus

block

blok

ice cube

ijsblokje

caramel

karamel

sugar

suiker

dice

dobbelstenen

gift box

geschenkdoos

cardboard box

kartonnen doos

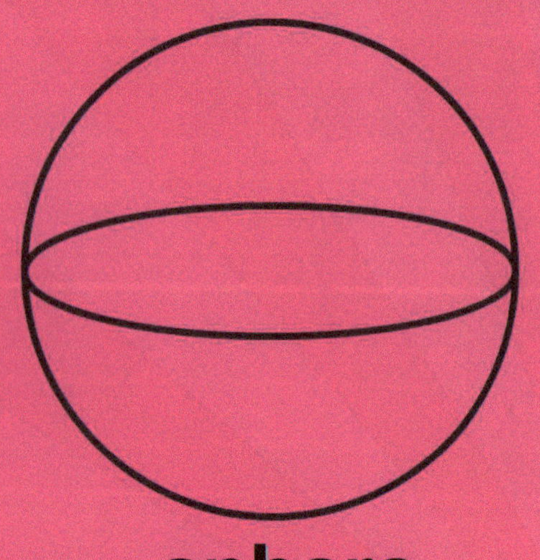

sphere

bol

ice cream scoop

ijsschep

pearl

parel

bubble

bubbel

marbles

knikkers

planet

planeet

snowball

sneeuwbal

tennis ball

tennisbal

cylinder

cilinder

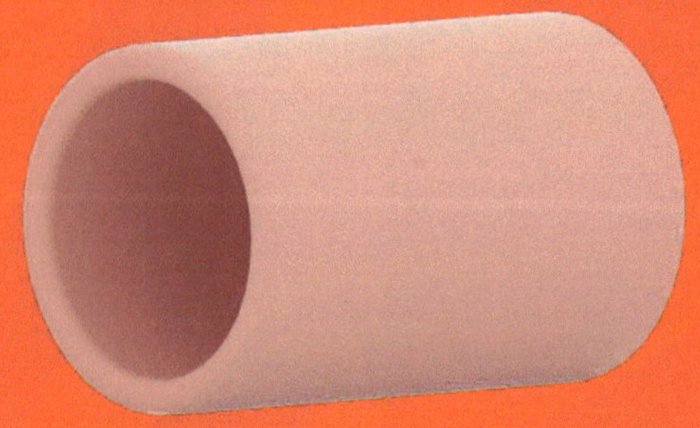

tube

buis

batteries

batterijen

thread spool

draadspoel

cinnamon

kaneel

rolling pin

deegroller

sausage

worst

hay bale

hooibaal

cone

kegel

road cone

wegkegel

ice cream cone

ijshoorntje

witch hat

heksenhoed

dungeon

kerker

fir tree

spar

party hat

feesthoed

snail

slak

blackberry

braambes

currant

bes

clementine

clementine

durian

durian

dragon fruit

drakenfruit

jackfruit

jackfruit

star fruit

stervrucht

asparagus

asperge

radish

radijs

red bean

rode boon

turnip

raap

cassava

cassave

sweet potato

yam

chickpeas

kikkererwten

eagle

adelaar

bat

vleermuis

beaver

bever

flamingo

flamingo

raven

raaf

blackbird

merel

blue tit

pimpelmees

magpie

ekster

swallow bird

zwaluwvogel

lark

leeuwerik

parakeet

parkiet

woodpecker

specht

peacock

pauw

parrot

papegaai

toucan

toekan

stork

ooievaar

coral

koraal

sea anemone

zeeanemoon

sea urchin

zee-egel

seahorse

zeepaardje

clownfish

clownvis

goldfish

goudvis

crab

krab

hermit crab

heremietkreeft

dolphin

dolfijn

narwhal

narwal

octopus

octopus

squid

inktvis

whale shark

walvishaai

orca

orka

blue whale

blauwe vinvis

beluga whale

witte dolfijn

hammerhead shark

hamerhaai

white shark

witte haai

lemon shark

citroenhaai

tiger shark

tijgerhaai

grasshopper

sprinkhaan

caterpillar

rups

scorpion

schorpioen

lizard

hagedis

dinosaurs

dinosaurussen

black hair

zwart haar

ginger hair

rood haar

brown hair

bruin haar

blond hair

blond haar

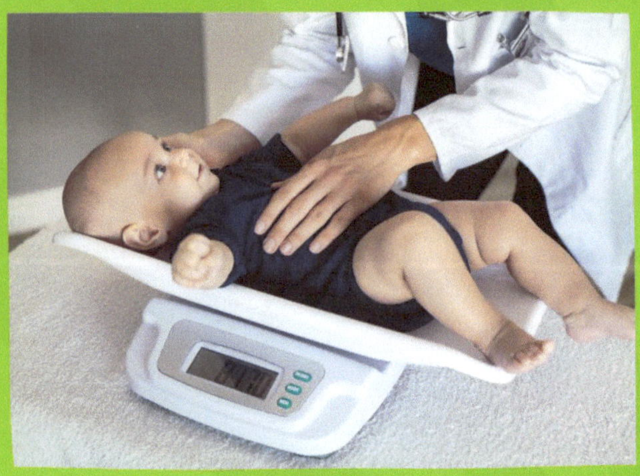

scale

weegschaal

hospital

ziekenhuis

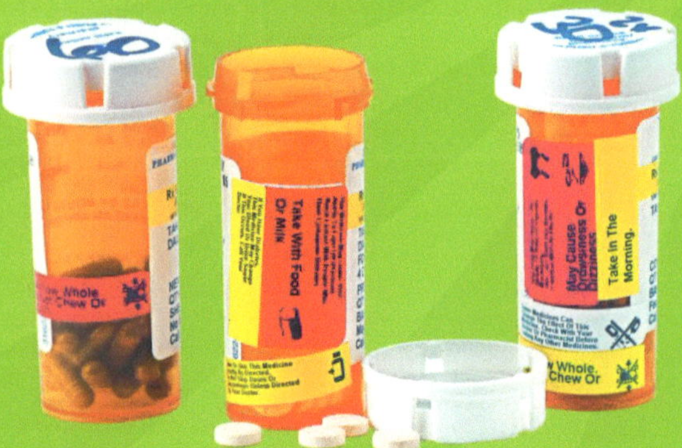

medicine

medicijn

thermometer

thermometer

bandage

verband

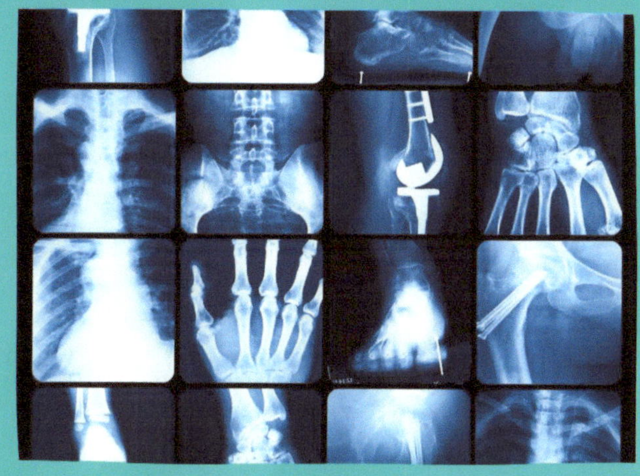

x-ray

röntgenfoto

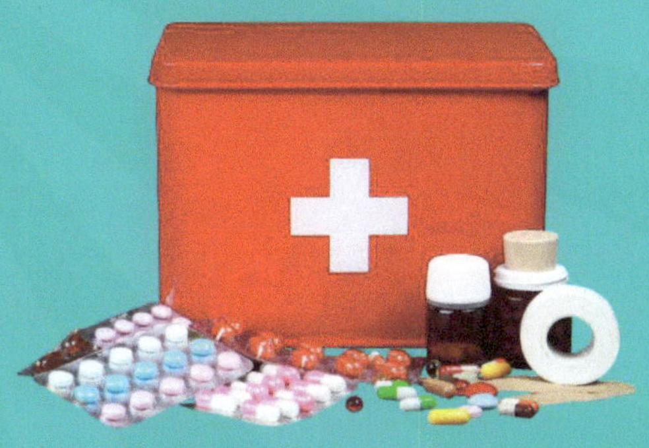

doctor

dokter

first aid kit

EHBO-kit

play

spelen

draw

tekenen

count

tellen

write

schrijven

dancing

dansen

swimming

zwemmen

skiing

skiën

basketball

basketbal

tennis

tennis

ping pong

tafeltennis

soccer

voetbal

horse riding

paardrijden

ice hockey

ijshockey

judo

judo

boxing

boksen

running

hardlopen

baseball

honkbal

cricket

cricket

rugby

rugby

volleyball

volleybal

maracas

maracas

tambourine

tamboerijn

xylophone

xylofoon

violin

viool

piano

piano

guitar

gitaar

cello

cello

harp

harp

drum

trommel

djembe

djembé

drum kit

drumstel

trumpet

trompet

horn

hoorn

saxophone

saxofoon

flute

fluit

headphone

koptelefoon

sing

zingen

sheet music

bladmuziek

microphone

microfoon